명자꽃 전상서

시하늘 시인선
08

명자꽃 전상서

●

이
도
화
시
집

그루

시인의 말


이른 새벽 시린 눈 비비며
머리맡에 둔 시집을 읽고 필사하는 재미에
시간 가는 줄 모르고 지내다
어쭙잖은 글을 그러모아 엮으려 한다
생각할수록 볼 붉어지고
하와처럼 맨몸으로 거리에 선 듯한 느낌이다.

미처 발아하지 못하고
가슴에 묻어 둔 그리움의 씨앗을
잉크 향 가득한 활자로 꽃 피워
손 내밀어 주실 독자들과 온기 나누고 싶다.

2024년 새봄
금오산 자락 아래에서
**이도화**

**차례**

시인의 말　　　　　　　　　　　5


**1부** 시절 인연

소국을 읽다　　　　　　　　　13
시절 인연　　　　　　　　　　14
동백　　　　　　　　　　　　16
밤, 호숫가에서　　　　　　　　18
산벚꽃 그리다　　　　　　　　20
바람의 2월　　　　　　　　　　22
벚꽃 엔딩　　　　　　　　　　24
사랑초　　　　　　　　　　　25
봄 바다　　　　　　　　　　　26
문막 땅, 그 남자　　　　　　　28
달을 본다　　　　　　　　　　30
금오산金烏山　　　　　　　　　32
가을 장미　　　　　　　　　　33
수요일의 낯선 섬에서　　　　　34
게발선인장　　　　　　　　　36

## 2부  꽃신 한 켤레

별이 된 그리움　　　　　　　　39
제라늄이 있는 뜰　　　　　　　40
봄비 그 발라드　　　　　　　　42
목련꽃 심지를 돋우면　　　　　44
바르도Bardo, 오롯한 나만의　　46
고드름 왈츠　　　　　　　　　48
겨울비　　　　　　　　　　　　50
닻별　　　　　　　　　　　　　52
산사에 들다 - 1　　　　　　　54
산사에 들다 - 2　　　　　　　55
사랑한다고 말해줘　　　　　　56
꽃신 한 켤레　　　　　　　　　58
묵정밭 봄 들녘　　　　　　　　59
그해 겨울　　　　　　　　　　60
이별　　　　　　　　　　　　　61

## 3부 장다리꽃

| | |
|---|---|
| 안강 우시장 | 65 |
| 뒷거래 | 67 |
| 신리를 위하여 | 68 |
| 용담龍膽꽃 피다 | 70 |
| 씨앗 몇 개 | 72 |
| 장다리꽃 | 74 |
| 앉은뱅이꽃 | 76 |
| 붉은 작별 | 78 |
| 명자꽃 전상서 | 80 |
| 살구꽃은 피는데 | 82 |
| 은발의 소녀 | 84 |
| 분이 생각 | 86 |
| 능수매 | 88 |
| 석류 | 89 |
| 봄 멀미 | 90 |
| 꿈, 담쟁이의 | 92 |
| 첫눈 | 94 |

**4부** 걸어온 목련

| | |
|---|---|
| 오후 세 시의 빛 | 97 |
| 늙은 벚나무를 위하여 | 100 |
| 산문 아래서 | 102 |
| 몽련 동백 | 104 |
| 그럼에도 | 106 |
| 궁지에 몰렸던 눈이 | 108 |
| 그곳에 가면 | 110 |
| 찻물 올리며 | 112 |
| 취중 진담 | 113 |
| 걸어온 목련 | 114 |
| 가을 저녁 | 116 |
| 뜨거운 이름 | 117 |
| 범부채꽃 | 118 |
| 삘기의 추억 | 119 |
| 취나물 | 120 |

**해설** | 아름답고 쓸쓸한 마음의 풍경     123

# 1부
시절 인연

# 소국을 읽다

길섶 저만치 들리는 웃음소리
나도 몰래 다가서는 한 걸음

발 작은 소국이 피어
보도블록 틈이 조금 더 벌어졌다
힘겹게 서 있는 게 안타까워
한 줌 꺾어 와 물꽂이 해둔 몇 날

무심코 바라본 소국은
꺾여도 혼절은커녕

실오리 같은 뿌리를 내리고 있다

상처 보듬어 꽃이 피고
마침내 뿌리내리는 소국 한 송이
그 진한 향 붙들어 두려
금 간 약탕기에 고이 옮겨 심는다

## 시절 인연
―다릅나무에 연리목이 된 단풍나무



그때
스쳐 간 바람이었나 봐

단풍나무 씨앗 하나 떨어져
맴돌다 날개 접으며
다릅나무 껍질에 내려앉아
더부살이지만 싹을 틔우고
마디마디 맺혀
살얼음 얼다 녹으며
연리목 되었나 봐

우주의 시간을 돌고 돌아
지금 여기
마주한 우리
들판의 찔레꽃 피고 지고
가시만 남은
이제는 은발銀髮이 익숙한 세월
당신 눈망울에 잠긴

아직도 낯익은 듯 낯선 나

그때, 스쳐 간
단 한 번의 바람이었나 봐

# 동백

먼 산, 계곡마다
고여있던 잔설이
낮은 걸음으로 찾아든
에움길 끝

수직으로 툭, 툭
처절하게 몸 던지는
붉은 울음이 있다

하마나 다시 오려나
우듬지 끝 멍든 꽃봉오리
동박은 아득하고 아득해라

가지 끝, 남루하게 남은
꽃송이 지고 난 빈자리
다시 다른 가지에 돌아온다면
품은 향기 가득 내게 내밀까

화들짝 열렸던 새봄 한나절이
저무는 산마루 너머
무심한 산길 가르마 위로
하현달 저 홀로
붉은 가슴 쓸어내린다

## 밤, 호숫가에서

멀리 기차가 지나가는
봄밤의 호숫가
물 근육 사이사이로
가로등 불빛이 길게 눕는다

발걸음 낮추며
앞서 걷던 그의 향기가
코끝에 스밀 즈음
보풀 풀린 벚꽃이
상현달 아래 흐드러진다

눈 뜨고도
속내를 읽을 수 없는 점자같이
몇 번을 덧씌워 감춰진 모자이크같이
가만가만 퍼즐을 맞추어 가는
그와의 말 없는 시간

쏙독새 울음소리마저

달빛 아래 고여 무늬 지는 밤
호숫가 물의 민낯 위로
보이지 않는 기적 소리가 멀어져 간다

## 산벚꽃 그리다

봄의 여신이 두고 간
연분홍 코르사주
물색 고운 산허리에
산벚꽃 여울지면

바람이 불 때마다
산나물 향기 짙게 묻어오고
웅크린 마음이
골 안으로 번져가네

날마다 해끔한 새벽달
이리도 고운데
소식 뜸한 그대,
산그늘 먼저 드리우고
하릴없이 빗장 거는 마음

연둣빛 짙어가고
초록이 밀려오는 계절

산벚꽃 피어 밤에도 환한 날
그리움만 저 먼저 길을 나선다

## 바람의 2월

천변 실눈 뜨는 버들강아지 곁에는
고샅길 양지쪽
큰봄까치꽃이 두어 평

긴 겨울 건너온 목련이 움틀 때
봄소식 안고 나온 바람이
산파를 불러 아뜩하게
하오의 이마를 짚는다

덧칠한 분청사기의 빛깔처럼
연해지는 마음
옹송그린 나도 이제 겨울을 밀어내고
봄 방석에 나른히 맘을 뉘고 싶은데

때 이른 천변 버들강아지는
아직 솜털 속에 눈 감고 있어
겨우내 잊어버린 나의 말빛을
울력하는 봄의 바람결로 문질러 보는

여기는 바람의 2월

## 벚꽃 엔딩

정수리에 앉은 봄이
오수에 젖은 시간
빨간 우체통 그 너머
분홍빛 웃음이 소란하다

바람의 입맞춤으로
하롱하롱 지는 꽃잎들
참을 수 없는 그 가벼움도
선율 되어 물 위로 흐르고

눈부신 햇살 아래
차양 넓은 카페에서 바라보는
결 고운 낙하
꽃잎의 군무群舞

봄의 소실점으로 가는
여름행 기차가 멈추는
여기는 언제나 벚꽃역

# 사랑초

비밀스러운 그녀의
목덜미는 곱기도 하지

마르지 않은 그리움으로
꽃대 세우고

흔들리다 덜어내지 못한
멍든 기억

성근 사람이지만
서로서로 어깨를 겯고

그대 창가에
오늘은 오시려나
오래 서성이고 있네

# 봄 바다

입춘이 지나도
봄이 아닌
일상을 밀치고
바다로 가네

계절이 그려 놓은
한 폭의 수채화인가
물감 흩뿌린 듯
마구 흩어진 봄날 꽃향기

왜가리 한 마리가 지키고 선
노을 갇힌 죽방렴 풍경 너머
그리운 이의 그림자인 양
불콰해진 햇덩이도 자맥질하네

덧문마저 열어젖힌 봄 바다는
고깃배 떠난 포구에 밀물을 밀어 놓고
마른 심장 노을에 덧대다가

어둠 붉게 물들였는데

초저녁별 하나
좌표처럼 허공에 매달리고
갈 길 먼 발걸음
땅거미가 등을 떠미네

## 문막 땅, 그 남자

빗소리에 잠 깨어
창을 열고 내려다본 한길
횡단보도 건너
가로등 불빛이 빗줄기에 쓸리고 있다

어둠까지 혼곤히 젖은 밤
엎드린 풍경 위로 난무하는 비의 빗금들
언제쯤 귀에 익은 발걸음 소리 들릴까

볕살에도 한기寒氣로 내떨던 나에게
선뜻, 따뜻한 손길 내어준
문막 땅, 그 남자

성근 나이테처럼 흘러간
그리운 소식 기다리며 견딘 날들
창 두드리는 저 빗소리는
먼 그날만 같아서

안개 자락 끌어당긴 어둠 저만치
피어나는 겹겹의 물 꽃송이
아침 볕살 밀려오면 하마 그대 잊힐까
오늘도 낯익은 골목으로
또 다른 낯선 내가 걸어가고 있다

# 달을 본다


가난한 애인들이
허기 채우러 들어선 목로주점
차림표에 적힌 가격에
여자가 화들짝 놀라는 시늉을 하자
얇은 지갑에 든 돈을 남자는 눈썹으로 세어본다

통 크게 보이려면
외투의 깃이라도 세워보는 거지
마른 목젖 너머 눈치도 주눅도 잊고
모든 걸 잊으려 여자는
따로 시킨 안주로 술을 털어 넣는다

술기운 올라와 불콰해지고
이내 느껴지는 무거움
차를 세운 어둑한 산길에
짐짓 예를 갖추는 척 여자가
산길 오르다 잠시 한적한 곳에 앉아
두 다리 그러모아

달을 쳐다본다

잠든 흙을 깨우며 스며드는
남아 있던 여자의 온도
치렁한 저 달빛도 위로해 주는
처음 느껴보는 카타르시스

세상사 까무룩 잊으려는데
자꾸만 머물려는 달빛, 여자는
한기를 느끼며 애써 떠밀어 흘려보낸다

## 금오산 金烏山

먼 산 첩첩 능선 아득한데
하늘을 품어 안고
와불로 오신 이 누구신가

땅거미 내리면
자비스러운 눈에 불빛 안아
속세를 비추시니
세인들 가슴마다 피어나는 빛무리

구미龜尾에
구미口味 당긴
그 연유 알 바 없어
기우는 햇볕도 너울 타고
보시인 양
사바의 그늘 하얗게 지워가네

# 가을 장미

떠난 그대 바라보다
꽃 시절 가버렸나

날 선 가시 꺾이고
향기마저 잃었구나

꺼내 든 붉은 심장엔
갈바람만 서성이네

## 수요일의 낯선 섬에서

누가 그랬어
아무 검색창에
떠오르는 이름 하나 써보라고
지독한 기억 내게도 있어
썼다가 지워도
다시 쓰고 싶은 이름 하나

첫눈은 해마다 어김없이 내리지만
그날 오겠다던 약속은
눈 녹듯 사라졌나
한나절 달려와 닿는 섬
동백나무 숲 오솔길마다
혼절하여 뒹구는 동백 꽃송이들

매화 벙그는 양지쪽엔
섬조릿대 숲으로
작은 새떼들이 쏟아져 내리고
그들이 날아간 빈 가지마다

낮은음으로, 더 낮은음으로
물결처럼 출렁이는 매화꽃 음표들

동백나무에 기대어 바라보는 섬 그늘
막배마저 떠나버린
해 저물도록 당신을 따라 걷던
수요일의 낯선 섬

## 게발선인장

긴긴날 품은 속내
이제야 시절 만나

드리운 햇살 곁에 두고
꽃부리로 쓰는 연서

내밀히 숨겨온 그 말
뜨거운 문장 한 줄

# 2부
꽃신 한 켤레

# 별이 된 그리움*

무거운 목화솜 이불
그 속에 다섯 오누이
땀 뻘뻘 흘리면서 재잘대던 그 시간
꿈이어라 꿈이어라
다시 못 올 추억이여

말간 웃음들이 바람벽에 흩어지고
못다 핀 꽃 두 송이 오종종 별이 되어
희미하게 손짓하네! 천상에서 만나자고

다시 만날 기약 있어 나는 살아가리
외로이 건너야 할 삼도천도 두렵지 않아
눈물 머금은 저 별이 이리도 비추니

다시 만날 기약 있어 나는 살아가리
외로이 건너야 할 삼도천도 두렵지 않아
눈물 머금은 저 별이 이리도 비추니

*지난 어느 해 3월 초입, 갑자기 세상 떠난 막냇동생이 그리워 쓴 글을 임운학(설악메아리) 님이 노래로 곡을 붙여 주심.

## 제라늄이 있는 뜰


재촉하는 '커서'를 따라
심박수 가파르다가
간신히 '스페이스 바'로 달래며
이내 아무 일 없었다는 듯
숨 고르기를 한다

녹색 검색창에 남모르게 써보는 이름
그 여자의 끈질긴 이별 징후에서
아릿한 기억은 굳은살 뒤에 숨어
때때로 촉을 세우기라도 하는 것인가

길게 내뿜는 한숨
작은 내 뜰, 화초들에 눈 돌리다
창가로 스며드는 삼짇날 볕살,
제라늄 붉은 꽃망울
볕바라기 하는 것 좀 봐

저 긴 꽃대,

어느새 차가운 모니터에 곁을 주며
온기 채워 넣는 모양으로 보아
내 그늘진 그리움의 높이라도
훤히 다 안다는 것인지
제라늄은 겨우내 피고 또 피어나고

## 봄비 그 발라드


소리 없는 걸음으로
내게 몰래 오신 것처럼
그대 오십니다

황사 지나간 하늘에서
쏟아져 내린 빗방울들이 모여
맨발로 마른 들판에 물길을 내는
고단한 행로

겨우내 휜 등을 편 우듬지마다
물관 타고 수액을 나르는
연둣빛 새순이
꽃보다 고운 봄날입니다

젖는다는 건
곁을 내어 주는 것
와락 푸른 심장 덧대고
산벚꽃으로 환한 앞산과

여기저기 터지는 다홍 꽃불들로
가붓하게 흔들리는
물색 고운 봄날

겨우내 누웠던 마른 풀덤불 속에서도
봄비, 그 발라드에 맞춰
풀빛 허리띠를 두르고
어영차, 다시 일어섭니다

## 목련꽃 심지를 돋우면

속살 저민 반달이 떠 있고
곁을 지나는 꼬리구름의 여운도
이내 사라져 간다

떨켜에 밀려난 잎새들은
풍장 되어 발치로 돌아가고
야윈 가지마다 꿈을 매단 목련 나목

순한 봄, 눅진한 여름
떨어지는 가을까지
함께 보낸 우리는
이제 겨울을 맞이해야 한다

칼바람 견디며 계절 보낸 뒤
어느새 봄
아지랑이가 들판을 열면
당신과 나
저 목련 꽃그늘 아래에서

함께 노래 부르리

목련꽃 심지 돋우어
불 밝히는 봄날은 아름다워
나비여, 꽃이여, 산들바람이여!
다 같이 춤추고, 다 같이 노래하자

# 바르도Bardo,* 오롯한 나만의

가난한 시인의 누옥 안에
또 하나의 둥지를 튼다

이명처럼 들리던
문밖의 소음이 툭, 끊어지면
이내 찾아드는 자발적 고립

소풍인가, 도피인가
헤아리지 않아도 고만고만한 거리
짓눌린 심장도, 들쑤시던 편두통도 버려두고
가만, 고요를 끌어 덮고 노루잠에 든다

빈 들녘 저 끝에서 쏟아지는 빛줄기
그 빛을 따라 막내가 걸어간다, 터벅터벅 걸어간다
반걸음도 움직일 수 없는
숨 막히는 적막 저 너머
여기는 이승과 훗승 사이 그 어디인가?

소풍도 도피도 아닌

다시 둥실 떠오른 누옥

마른 빵 같은 현실과 마주하고

끈적한 잼을 바른 나이프를 바투 쥐고

팽팽한 끈이 되지 못한 채

여태 또 이렇게

살아간다, 살아낸다

\*티베트 불교 용어. 불교에서 사유(死有)에서 생유(生有)로 이어지는 중간적 존재인 중유(中有, antarabhāva)를 말함. 중음(中陰), 중간계(中間界)라고도 함.

# 고드름 왈츠


누군가 처마에
거꾸로 매달아둔 시를 읽는다는 것은
그의 꽁꽁 언 마음으로 내가
가만히 걸어 들어가는 것

코에 스며드는 쓴 묵향 같은 것
행간마다 느껴지는 필화筆花의 향기로
슬그머니 눈물이 차오르는 건
내가 아직도 살아 있다는 것

곁들여진 풍경 속엔
이끼 낀 시간에 썰린
호박말랭이도 긴 줄에 매달려
까닭 모를 뭉클함도 있어

산다는 건
두드려도 열리지 않는 면벽
그 막막함을 딛고 일어서야 하는 것

지금은 내 그림자 뒤에 웅크린
또 다른 나와 시선을 맞추는 시간

낙수의 선율을 귀 세워 들으면
투명한 그리움이 물꼬를 틔우고
계절은 겨울 막바지
이내 허리춤에 차오르면
고요를 두드리는
신명 나는 봄의 왈츠

## 겨울비

희붐하게 열리는
무표정한 빗금들로 가득한 들녘
어딘가에 가 닿으려는 겨울비가
직박구리 발톱처럼 생기롭다

달을 씻고 별을 헹구어
허공의 각질을 닦아내는
저 무량한 몸짓
솔기 터진 속내를 툭, 툭 털어
팔 벌린 잣나무 우듬지에
만장처럼 걸어두고

목마른 대지의 목 넘김이
산과 들에 가득하고
끊어질 듯 이어지는 빗소리 장단이
마른 풀등 위로 튀어오른다

음파사 늙은 레코드판처럼

처마 끝 낙숫물은 종일
바라보는 일이 아니어서
땅을 쳐서 올리는 소리에
어둡던 귀가 열린다

한없이 젖어 들었던
4분의 2박자 같은
4분의 4박자 빗방울 소리
어느 시절의 그 보사노바처럼

## 닻별[*]

찢기고 휘둘리다 남루해진 생
바위틈 볕뉘 같은 온기를 그러모아
아장거리던 꿈 조각 덧대어
연꽃처럼 피웠다

세상 향한 염원으로 웃자란 연잎에
담고 비우며 살아온 나날
바람 앞 등피 되어 때로는 흔들려도
군중 속에 우뚝 서서
장구 치며 노래한다

엄지와 엄지를 잇고
펼쳐 든 두 손으로
자꾸만 그려보는
나만의 카시오페아!

노을빛으로 남은 나의 나날들
그댈 향해 오롯이 빛을 발하는

은하 속 붙박이별 닮아가는
닻별이 되고파

꾹, 꾹 누르면 쏟아질 소금강
목젖 너머 더 깊은 늑골에
쟁이고 또 쟁여두고
웃는다, 그가
웃어도 슬픈 그가

*가수 박서진의 팬클럽 이름

# 산사에 들다 - 1

목덜미 파고드는 바람이
서늘한 입김을 일순간 말리는
설경에 든다

귀로는 꽃눈 벙그는 소리 들으며
발로는 숫눈길 걷는데

앞세운 동살이는 털갈이 중
앙가슴 파고드는 따스함
폭설에 반사되는 햇빛
눈이 부시다

가지런히 비질한 결 고운 빗살무늬
고즈넉한 절 마당에는
홍매가 실눈을 뜨고
세속에서 묻혀 온 발자국들
잠시 숨 고르며
갸웃갸웃 지켜보고 있다

# 산사에 들다 - 2

스며든 매화 향 데리고
무아에 빠져 바라보는
당간지주 곁 백구白狗 보살

홀로 무념무상 해탈에 든 것 같아
마음 환해진 거냐고
한 걸음 다가서서 묻는데
왈칵 외마디를 던진다

"쫌,"

이번 생애는 너나, 나나
향기로운 법문 한 줄 닮기는커녕
아서라! 한다

산문山門 안
달빛에도 말려야 할 그늘이
군데군데 절 마당에 남아 있다

## 사랑한다고 말해줘
―드라마를 읽다

구름이 묻어 둔 울음 덩이 속에
수많은 빗금 산란하더니
낯빛을 바꾼 하늘
그 말간 얼굴 사이
드디어 여우볕이 마름질 중이다

너른 통창 안, 길게 드러누운 볕살 따라
허공 향해 공중 부양 중인 먼지들
아무렇게나 맞춰진 TV 채널 속에서
선천적 장애로 말을 잃은 남자와
가시 돋친 언어폭력들로
차라리 말을 잃고픈 여자가
사랑을 향한 계단 아래 섰다

무언에 갇힌 남자의 세계와
무수한 말본새에 상처 입은 여자의 세계는
언제 어디쯤에서 사랑을 앞세워
이야기꽃을 피워낼까?

서툰 수화로 자신의 진심을 고백하는
여주인공을 바라보는
드라마 속 남자의 눈망울이
호수에 제 빛을 쏟아붓는
마지막 석양빛처럼 붉고
내 눈망울도 따라 붉어졌다

## 꽃신 한 켤레

그리움 사무친
먼 길 떠난 누이야!

유난히 겁이 많아
형광등 늘 켜고 자던

섬월纖月도 짐짓 기울어
깃을 접는 가을 새

이 밤도
머리 괴면
꿈결처럼 오실런가

앞길 밝힐 등불이랑
꽃신 한 켤레 품고 갈게

수만 리 아득히 먼 곳
들리려나
내 군담

## 묵정밭 봄 들녘

괜찮다 걱정 마라 오래 살까 무섭다던
병상 위 내 아버지 빈말인가 여겼더니
남긴 건 낡은 라디오 굽 다 닳은 구두짝

먼저 간 막내아들 살아생전 드린 용돈
끝끝내 품고 가셔 명치끝은 더 아린데
북망산 저승 가는 길 요긴할 터 노잣돈

묵정밭 봄 들녘에 씨앗 같은 고운 이여
살아생전 모습이야 자식 가슴 못이 되고
귀천 공ᅀᅵ 이승살이를 좌표 삼자 하나니

# 그해 겨울

둔덕 아래 점방집에
쌀밥 눈이 쏟아진다

뻥이오!
놀란 가슴
옴찔옴찔 무릎걸음

한 움큼 튀밥만으로
들썩이던 산골짝


째질 듯 저 만월
한 입 두 입 먹다가

눈썹달 되고 나면
그곳에 다시 설까

기억이 달아난 모퉁이
못다 그린 삽화 한 점

# 이별

두고 간 기약 뒤로
계절이 쌓여가네

수많은 언어가 마음을 건드려도
부르지 못하는 그대
그 이름

가슴에 피어난 서러운 이별
꽃 진 자리에 생각이 자라고
흐려지는 시선 가득
그대 얼굴 차오르네

내 눈물 그러모아
다시 꽃 피우리
지지 않는 이별 꽃 하나*

*작곡하는 김병노 님의 요청으로 지은 시의 제목

# 3부
장다리꽃

# 안강 우시장

아무도 대꾸할 수 없었다
어린 시절 어느 날
아버지가, 없는 살림에 노름빚 졌다 하자
납작 엎드려 살던 엄마도 울화가 치밀어 올라
엄마 목소리가 딱 한 번 담을 넘었다
급기야 아버지가 소 몰고 우시장으로 나가시고
화들짝 놀란 엄마는 어린 나를 몰아세우며
당장 따라가 보라고 성화였다
저 무서운 아버지에게 내 말이 먹히겠냐고
대들다가 부지깽이가 춤을 췄다
눈물 훔치며 쫓기듯 따라나선 우시장
가격이 웬만한지 한참을 소 장수와 대화하는 사이
어디서 그런 용기가 생겼는지
나는 소를 몰고 집으로 줄행랑을 놔 버렸다
황당한 아버지의 노발대발은 불 보듯 뻔하지만
엄마에게 맞아 죽을 수는 없었다
나중에 알고 보니 노름빚 정리가 아닌
대구로 유학 간 자식들 등록금 마련이란 걸

아버지의 막걸리 푸념으로 알게 되었다
꼴 베어 거두며 윤기 나는 목덜미 긁어주고 쓰다듬던
정든 누렁이는 다음 우시장 날 어디론가 팔려 가버렸다
얼큰하게 취해 마당 가에 서서
텅 빈 외양간을 하염없이 바라보던 그 아버지,
늙어 바짝 마른 가슴에 꽃 하나 달아 드리던
살아생전 어버이날이 그리워지는 이 밤
경적도 잠든 고요해진 지금에야
곱게 접은 종이배에 그리운 마음 담아
카네이션 한 송이 실어 보내오니
은하수 너머 아버지! 꼭 받아주셔요

# 뒷거래

노루모 깡통에
찰랑대는 동전 몇 닢
울 엄니, 애지중지
10원짜리 노름 밑천

서너 푼 잃은 날은
세상 다 잃은 듯
어찌나 분해하시는지

무싯날 틈 봐서
매조 열 끗짜리
슬며시 쥐여 드리고 싶네

## 신리\*를 위하여

바람결에 간간이 들려오던
오지의 소식도
끊어진 지 아득하여

변방을 휘돌아 온 바람에게
겨울밤 숨넘어가는 수수 대궁이
서걱이며 안부를 묻는다

살강 위 몇 안 되는 주전부리로도
온기 나누던 그곳을 떠나와
문득 돌아보니
어느새 40여 년, 이젠 사라진 먼 길

아직도 둔덕 아래
그 점방집 아낙은 살고 있을까
얼굴은 온통 깨보숭이였어도
사람 좋은 그이 집은
동네의 아늑한 쉼터였다

구멍 난 흙담장 곁에
한길 넘겨다보고 싶어 하던
참나리꽃 뒤통수를
이 저녁, 애꿎은 누가
툭툭 건드리고 지나가는 것인지

\*강원도 평창군 대화면 소재 마을

## 용담龍膽꽃 피다


시린 바람이 지나는
봉분 곁
올해도 피어난 쪽빛 용담

'당신의 슬픈 모습이 아름답다' 말하는
가녀린 꽃대 버겁지만
바람에 흔들리며
피어난 다섯 송이
서늘한 듯 맑은 꽃 웃음

다가서면 멀어질까
쓸쓸하게 웃는 그대 닮았네
아무도 모르게 속울음 삭이며
꽃 진 자리
모진 비바람 견디고 다시 피겠지

그대 가고 없는 빈자리
내년에도 가만가만 숨죽인 걸음으로

용담꽃 보러 돌아오리
진쪽빛 용담꽃
그대 본 듯 반가우리

# 씨앗 몇 개


약수터 옆
범부채꽃이
벌써 씨앗을 품고 있네

툭, 터진 씨방 위 까만 구슬
씨앗 몇 개
울 엄니 드릴 생각에
빙그레 웃음이 나

그루터기 아래
깊은 뿌리 숨겨놓고
덩그러니 남겨진 옹이는
세월 따라 더 깊어져
황량한 세상을 향한
작은 주먹이 되고

네게서 희망을 보네,
무심코 지나치던

반 평의 꽃밭이
마음 해둔 씨앗 하나에
풍성해지는 날이네

## 장다리꽃


오월,
흩어진 꽃잎이 건네준 초록이
골짜기 안으로 짙어가고
쪽물 머금은 뻐꾹새 울음
오수에 도드라지는 한낮

빈 흙집 닮은
묵정밭 장다리꽃 흔들리며
저 혼자
벌 나비 불러 모으고

봄바람 아지랑이 속에 졸고
해그림자 더 깊어지면
눈길 주지 않아도
꽃대궁 밀어 올려 피어나는

좀처럼 뽑히지 않던
가난했던 시절 지나왔지만

가만히 향기 맡으면
아, 해진 무명 치마
우리 엄마 냄새 나는 꽃

## 앉은뱅이꽃

돌부리에 차이고
비바람에 쓰러져도
허리 곧추세우고
들로 산으로
분주하던 내 어머니

씨앗 날아간
빈 박주가리 같은 살림에도
흔들림 없던 내리사랑
득달같은 세월
메마른 관절마다
찬바람이 지나다니고
수액마저 말라버려
애옥살이 그늘진 멍울마다
가쁜 숨만 들어차네

돌아누운 저 굽은 등허리는
꺾이지 않는 앉은뱅이꽃

까맣게 잊어버린
명동띠기로 살아온 한 생애가 펄럭인다

## 붉은 작별

볼이 앵두처럼 곱던 풋각시 시절
그런 그를 꽃각시라 불렀다
대처에서 오지의 본가로 갈 적마다
길가에서 마주치던 군인들
그의 뒤태에 아찔해져 행군의 줄이 뒤틀리곤 했었다지

그러던 그가 그늘진 뒤란에서
세월에 날이 서다
손잡이 빠진 호미가 되어
낙숫물에 잔뜩 녹슬고 말았다

간간이 나오던 외출마저 팬데믹이 앗아가고
여든 넘은 위태로운 생의 계단에 선
가파른 숨골 어머니는
애오라지 아픈 손가락, 못내 그리워하다
저 먼 별, 아버지 곁으로 떠나셨다

애달프다는 말과 슬프다는 말은

지척에 두고도 만나지 못한 한恨
저 녹슨 호미를 어느 대장간 가서
무엇으로 벼려야, 통곡의 아픔 지워질까

궂은날 끝에 모진 유언 한 토막
산기슭에 뿌려질 그날을 고대하며
자식 향한 그리움은
창살 너머에 갇힌 작별이 되고

초저녁 서쪽 하늘에 토혈하듯 걸린
붉은 별 하나

## 명자꽃 전상서

명자꽃 가지 하나 꺾어 두고
명자 누이 그리다가
허기진 속에 술 한 잔 털어 넣네

온 핏줄 더듬으며
몸 지피는 더운 숨길
잉크 빛 밤은 어둠에 젖고
별빛 까슬한데

시리도록 눈에 담아
오래 바라보아도 마르지 않는

사무치는 그리움은
씨앗 정*이라 부르기 전
형벌이라 이름하리

명자꽃 가지 꺾던
내 손목도 함께 꺾고픈 밤

결딴난 명자 누이

그 청춘 거딜 낸 봄은
어느 먼 곳, 어느 꽃 찾아
오늘도 나풀렐까

*한 꼬투리 안의 형제를 떠나보내야 했던 아픈 이별의 정을 표현함.

## 살구꽃은 피는데

꽃망울 맺힌 잔가지에 머물다
나뭇가지 박차고 솟구치는 참새떼를
음표로 그려볼까

양지쪽 봉분 마른 잔디를 비집고
피어나는 제비꽃이
가느다란 꽃대를
길게 뽑아 불러주는 봄노래

봉분 안에 잠든
그 이름 부르며 옷깃 여미면
너의 숨결 오래오래 느껴질까

손사래 치며 돌아서도
파고드는 꽃샘바람에
나 속눈썹까지 젖고 말았는데

누군가 남겨놓은

아련한 발자국을 생각하면
나를 닮은 앞마당 싸리비도
그저 허탈한 표정

수양버들 가지마다
물오르는 소리 바쁜데
네가 없는 올해도
깜짝 놀란 살구꽃 피고, 벌써 지기 바쁘다

## 은발의 소녀

까만 승용차 한 대가 멈추더니
차창 내린 늙은 남자가
'엄마'라며 부른다
등대교회 앞,
예배 끝낸 은발의 소녀들을 향해

한 분이 옆구리를 치며 눈짓하자
얼떨결에 대답한 겨자색 재킷 할머니
손차양하며 누구 엄마? 엄마 이름 되묻자
"하이고, 박. 옥. 선"
늙은 남자, 함빡 웃으며 외친다

옥선 할머니, 소녀처럼 볼 붉히고
은발 소녀들의 자지러지는 웃음소리
곱게 물든 은행잎이 화들짝 놀란다

좁은 길 돌아 아들 며느리 내려
그이 모시고 가을 속으로 떠난 후

남겨진 은발 소녀들 촉촉한 눈망울
마음은 꽃길 십 리 벚꽃 난분분

흔들리는 갈대꽃
속눈썹 닮은 씨앗들
바람 속으로 튕겨져
멀리 양떼구름 속으로 날아간다

## 분이 생각

남루한 지붕들끼리 정다운 마을
저만치 지방 도시 들머리를 잇는
885번 마을버스에 올라서면
오늘도 차창 밖이 궁금해진다

모서리 뜯긴 낡은 좌석에 몸 부린 채
스치는 풍경을 바라보는
나 혼자 설레는 시간

치맛단 아슬하게 시침해 올린
능금빛 볼 발그레한 소녀들
펴지지 않은 굽은 등으로
구루마 바퀴 굴리며 지탱해 온 할머니들

장날 난전 휘어진 저 길모퉁이 돌아
먼지 나는 종점에 가 닿으면
분단장 곱게 하고 반겨주는
분이 언니는 그러니까 누구나의 종점

거무스레 탄 온돌 장판 아랫목
아무렇게나 깔린 만만한 이불 같아도
세상 모든 시름 곱창 막창으로 볶아
프라이팬 하나 들면 종점을 평정하는
전에는 잠시 앞니 빠졌던 모습에
내가 더 배꼽 잡는 분이 언니 생각

# 능수매

사붓한 속눈썹
사뿐히 드러내고

먼 길 오시느라 고단도 하련마는

발그레
비밀의 향기
건들바람 허방 짚네

바람난 가지마다
꽃단추 여며두고

가지 끝 페포처럼 영그는 별 몇 줌

달빛의 거문고 선율에
자지러지는 저 꽃잎

# 석류

스무이레 그믐달이
창가를 두드리면
초록 치마 받쳐 든 선홍빛 저 꽃불
지난한 여름을 이고
툭, 떨어진 꽃 진 자리

어기찬 그리움이
다람다람 터져 나와
발그레 볼 붉히며 파고드는 잎사귀
하룩, 터진 가슴속에서
사계절이 쏟아진다

# 봄 멀미

소소리바람이 살점을 파고드는
이월의 끝자락
마른 볼 부비는 나뭇잎들
떨구지 못한 가로수는
우두커니 발이 묶여 서 있건만
담장 아래 꽃나무들은
가지마다 물오르는 소리 부산하다

잔뜩 움츠린 채 걷던 내 앞에
막 꽃봉오리 벙그는
목련 한 그루를 바라보며
은발의 소녀가 부신 눈
손차양하고 서 있다

연분홍 젖꽃판
터질듯한 젖멍울처럼
간질간질 열리는 꽃 숨결에
가지마다 움트는 집 한 채

우주가 열리는 한순간

부신 눈 비비는 저녁이 이울고
어둑살 밀려오는 길가에서
오랫동안 풍경이 되어 버린
그니를 꽃처럼 바라보다
봄 멀미하며 돌아오는 길

기우뚱한 봄이 와락 내게 안긴다

## 꿈, 담쟁이의


물컹한 길을 앞에 두고도
따로 또 같이 숨을 끌어모아
벽을 오른다

손 닿지 않는 난간
오래 허공 움켜쥔 손으로
건너편을 잡는다

생이 아찔할수록 낯빛 푸르고
완등에 가까울수록
오그라드는 손

무겁게 내딛는 걸음마다 땅에는
몸도장이 남긴 계절 너머 성성한 서릿발
사력 다한 관절에 통증 밀려와
사슴처럼 바라보는 하늘은 높고 푸르다

한 해의 이력이 새겨진

가을 이파리 뼈마디마다
위로처럼 겨울비는 내리고
웅숭깊은 뿌리는
드는 잠 속에서 고요한데

그러모은 내 손에는
새봄을 색칠할
앞으로만 달리는 붓이 들려져 있다

# 첫눈

무심히 창을 열다
화들짝 놀란 마음

웅크린 밤이 그린
설경이 화폭 가득

산짐승 발자국 따라
꿈결처럼 달뜨네


사분사분 걸음마다
쌓이는 생각 가득

정물 같은 산사엔
풍경마저 참선 들고

여기가 한계령이려니
깊은 눈 감아 본다

# 4부
걸어온 목련

# 오후 세 시의 빛
―사진작가 안소휘 님의 사진을 보고


모든 색채는 빛의 고통이다*

월영성당 스테인드글라스를 통과한 빛이
황금 십자가 영광의 예수
못 박힌 발을 감싸 어루만진다

몸으로 말하는 무한의 고통을
빛이 아우르는
오후 세 시

파편이 된 색유리에 비추는 빛은
믿음에 눈뜨지 못한 나를
망연히 서성이게 한다

날마다 오후의 시간을 포개며
찾아와 전해주는 빛은
따뜻한 응시로부터 시작되고

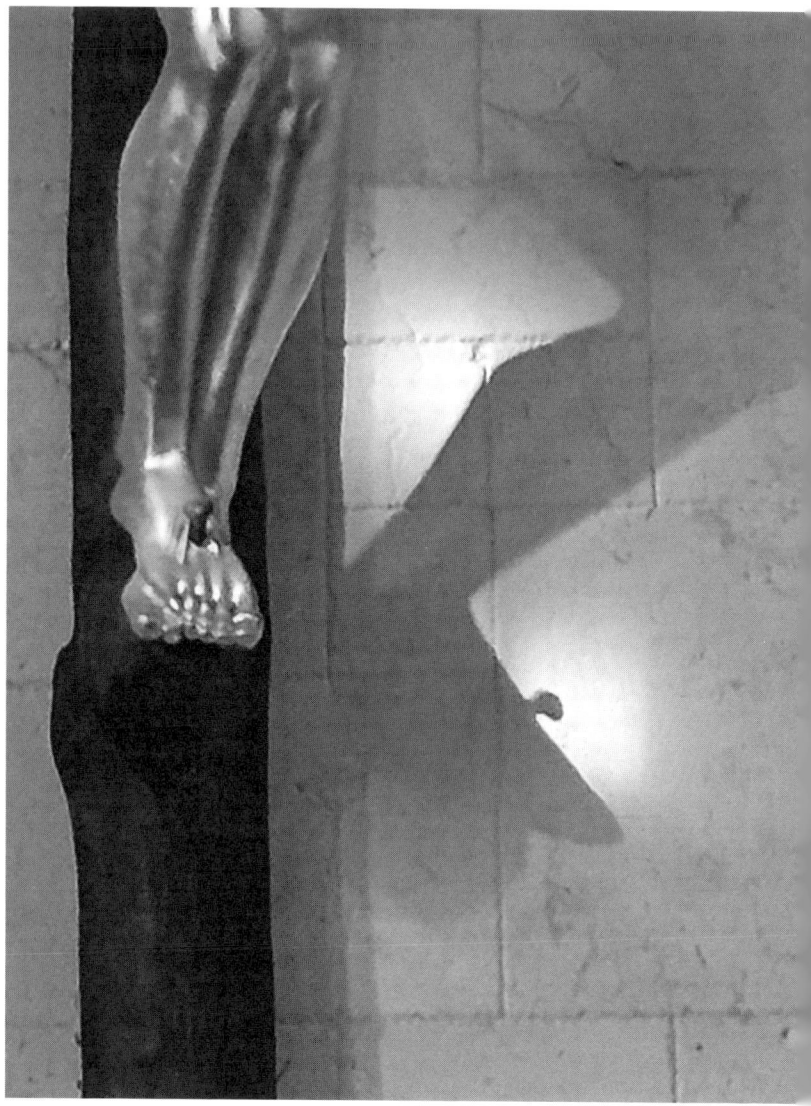

이리저리 꺾이고 휘어지며
산고를 지나 마침내 탄생하는
쓸쓸한 고통 속에 피어나는
오후 세 시의 빛

마음눈 밝은 사람만이 가질 수 있는
세상 모든 어머니의 느낌표여!




\* 독일의 시인, 소설가, 극작가인 괴테의 말에서 차용함.

## 늙은 벗나무를 위하여

더 이상 물러설 곳 없던
그들이 달려간 곳은
뭍의 한켠 막다른 포구
와락 달려드는 갯내에 심장은 뛰고
해수면 위로 쏟아지는 노을 속
금빛 별 싸라기들이
물 근육마다 뒤척이고 있었다

안개가 점령한 바닷가
늙은 벗나무 벚꽃 가지는
펼친 꽃 수놓은 발로 하늘을 걷고
고목이 피워 낸 꽃등들이
밤이 가까워질수록
순백 향기를 피워내고 있었다

활화산처럼 터지는 황홀경
밀려오는 파도의 음계들이
창틀에 부딪혀 쪼개지다 선잠이 든다

별빛 새벽이 먼 어둠 속에서
썰물에 잘박이던 물소리,
듣는 이 없어도
밤에 더 환한 늙은 벗나무는
혼자 새벽을 달리고 있었다

## 산문 아래서

묵묵한 계곡이 받쳐 든
산속 깊숙이
사리처럼 들어앉은 암자들

그늘진 부도밭
에두르는 바람이 살가워
합장하는 사이
다리 저는 노루 한 마리
맑은 눈과 마주치는데

한동안 바라보다
절뚝이며 제가 살던 숲으로 사라지고
마음속으로 되뇌어 보는
약사여래불! 약사여래불!

작은 암자들 사이 석불 마주하며
오르고 오르다 깊어진 숨은
대불의 미소에 녹아들어

오늘 이 산속은 더 고요하다

자연이 부처이고
부처가 자연이 된
뭉게구름 떠 있는 하늘 아래
산이 펼쳐놓은 품으로
그대 기쁘게 오셨는가
섣달 바람마저 삼라에 푸근하다

## 몽련 동백

달빛마저 치렁치렁한
깊은 봄밤
설익은 마음은
꽃핀 이유 찾고 있다

시린 계절 건너며
쟁여 숨긴 조바심이
달빛에 온몸 축여
스르르 커튼을 밀고
창문 열어젖히는 밤

가눌 수 없는 황홀경에
맨몸으로 뛰어내려
헤픈 여자 되었구나
아, 저 몽련*

붉은 각혈 내던진
동백의 절명보다 진한 숨결

그저 이 밤의 나는
가슴 풀어헤친 여자이고 싶다

*목련의 기존 이미지와 조금 다른 느낌이라 대치하여 씀.

# 그럼에도

꿈은 흑백이었던가 싶었는데
감긴 눈꺼풀 밖
새 한 마리 어여쁘다

눈을 뜬 뒤 남겨진 긴 여운에
해몽 책을 뒤적여 보는데
'좋은 소식이 온다'

태몽은 아닌 게 분명하니, 길몽 아닐까
어디론가 보낸 어쭙잖은 나의 글,
긴긴날 머뭇거린 붓끝에 꽃이 필까
자꾸만 덧대어 보는 이마저도 꿈일까

눈을 떠도
눈을 감아도
현세와 피안 사이를 넘나들며
난 여전히 꿈을 꾼다

부황 든 낯빛이지만
'그럼에도'라는 섬에서
나 홀로
꽃물 드는 그 순간까지

## 궁지에 몰렸던 눈이

일순간 스러질
밤사이 도둑눈은
겨울 능선을 뿌옇게 흐려놓고
바람의 흰 춤사위는
서어나무 숲, 등을 쓸고 간다

솔 향기 맡으며, 깨무는 어금니
처마 끝 풍경을 휘돌아
내려온 아침 햇살
한기가 펄럭여주는 소매가 차다

간밤이 놓아준 상념들은
얼마나 절 뒷마당을 돌아나간 걸까
기와지붕에 쌓인 눈 녹아내리고
구릉진 음지를 찾아가는 건
햇살이 닿기 전이어야 해
조바심도 다 내려놓은 내 이마는
고드름, 저 물의 뼈들이 녹는

시간에 더 긴장해야 하지

처마 끝 눈 녹아 떨어지는 소리는
흙으로 스며들거나
더러는 강으로 바다로 흘러가리라
산사에서 내려다보이는
저 능선 아래 연기 나는 낮은 지붕들
눈 덮인 빈 겨울 밭에
등이 휜 수숫대가 저만치
겨울바람을 손짓하며 흔들리고

겨울 봉림사,* 나직한 예불 소리에
처마 끝 궁지에 몰려 얼었던 눈이
눈물처럼 녹아 떨어지고 있다

---

*경상북도 영천시 화북면에 있는 절

## 그곳에 가면

낮추고 또 낮추어도
내 그림자마저 사무치는 날
대지가 키운 하얀 붓대로
초록 물 콕, 콕 찍어내는 그곳

태초의 아담과 하와처럼
온몸으로 호흡하다
속살거리는 숲의 속삭임에
귀 기울이면,
손 흔드는 이파리들이 하는 말
'당신을 기다립니다'

투명한 햇살 속에
포충捕蟲을 위해 기다리며
야위어 가는 거미줄,
삭풍을 견디고
내밀히 수피 벗는
그곳에 가면

세상을 향해
룽다처럼 손짓하는 자작나무 숲

비 그친 계곡
개울물 소리 그리운 날은
원대리로 가자
가서 천년의 흰빛이 되자

## 찻물 올리며

오동꽃 분향 되어
스며든 그대

가만히 찻물 올리며
그려봅니다

차향 위로 번지는
연보랏빛 꽃그늘

뜨거운 찻잔에 데인
성급한 마음

세 번 우려낸 차향처럼
담백하지 못하는지

## 취중 진담

술은 내가 마셨는데
오늘은 네가 왜
취하는가

불콰해진 노을 아래
저 산 그림자
맨발로 휘청이고
강물 맞닿은 바다는
갯바위 할퀴며 따개비를 슬어놓고

속 빈 낮달도
술잔 함께 들었는지
안색 붉어지는 시간

노을은 서쪽 하늘에
놀란 길고양이 눈빛 같은
별 하나 심어둔 채
어둠에다 슬쩍 제 몸 바꾸고 있다

## 걸어온 목련

눈송이 내려앉아
움 틔운 겨울눈

솜털 여며 지은 옷
붓끝으로 그려 넣는
아지랑이 같은 꿈

봄밤이면 스민 달빛
성결의 기도는
하늘 향해 오롯하다

먼저 꽃 피어
푸른 잎 기다리다
어느 아침 스러지고 마는

한 겹, 또 한 겹
못다 전한 사연 들고
해마다 이맘때면

먼 밤길 걷고 걸어
다시 찾아오려나

# 가을 저녁

노을빛 밀려와
몸마저 따라 붉어진 알전구처럼
대낮인데도 불을 켜던 감나무 아래서
내 맘에도 하나둘 꽃불을 켜요

햇살 저물어도 아쉽지 않은 시간
너와집 낮은 지붕 위로 젖빛 연기가
그대 향한 그리움으로
피어오르면

팔랑거리며 마실 다니던 바람이
처마 끝 풍경에
슬쩍 마음 비비는
저녁 무렵

그대 숨소리는 어디 있나요
윤슬로 스러지는 노을
강물 따라 밀려오고
감국 향기 바람에 흩날리는데

## 뜨거운 이름

한때는 세상을 들썩였던 그이가
외길 끝에 만난 연緣으로 탈출구를 찾았지

가야 할 외줄 타기는 발끝 아래 아뜩해
함께해준 이가 있어 피워 올린 생의 불꽃

사연 깊은 강물 따라 여울물도 지났는데
닻혀에 걸려 버렸나 휘몰지는 서녘 놀

수많은 관중 앞에 광대 되어 홀연히 서
피톨마다 끌어올려 토혈하듯 부르지만
기억 꽃 떨군 지어미 처음 본 듯 망연해

두 손을 마주 잡고 그니도 따라 부른
'언젠가 어디선가 본 듯한 얼굴인데'*
그 노래 뜨거운 이름 불러보는 옥경이

* 태진아 노래 '옥경이' 노랫말을 차용함.

## 범부채꽃

오일장 이른 아침
눈 흘긴 적 많았지만

아끼던 브로치
저고리에 여미시고

아버지 한 걸음 뒤로
장에 가던 그 봄날은

당신 가신 빈자리
먼지 앉은 브로치

서랍 안 깊은 곳에
떠밀려 꽃잠 들었네

꽃잎에 새겨진 점은
저승꽃 핀 것이려나

## 삘기의 추억

가을날 언덕배기
하얀 손 나풀나풀

봄 새싹 껍질 벗겨
입 가득 곱씹으면

연하고 달보드레한
하얀 속살 묘한 맛

## 취나물

달아난 입맛일랑
봄나물이 단방 명약

참기름 깨보숭이
한 꼬집 또 한 꼬집

혀끝에 봄꽃 봉오리
하냥 마냥 취하는 봄

해설

# 아름답고 쓸쓸한 마음의 풍경

김경호(시인)

시인은 사랑을 잃고 아픔을 노래한 시를 쓴다. 시인은 피붙이를 잃고 저미는 가슴을 주체할 수 없어 시를 쓰기도 한다. 그러나 긴 시간이 흐르고 세상사에 부대끼다 보면, 상처가 아물면서 어느덧 노래가 된다. 그 켜켜이 지층처럼 퇴적된 상처를 잊기 위해 노래를 부른다. 그렇게 과거를 뛰어넘어 현재를 살아가는 한 시인의 첫 시집을 읽어내는 일은 때로 힘겹고 쓸쓸하다. 내가 알고 있는 그 시인의, 먼 과거부터 시인의 속내까지 슬쩍 엿보게 되니 말이다. 그런 줄 알면서도 덜컥 '한 시인의 첫 시집'의 시를 읽기로 하고 모험을 감행한다.

이도화 시인의 시에서는 유난히 음악적인 요소들을 시에 많이 도입하고 있다. 고대에는 시와 노래가 경계의 구분 없이 노래처럼 불려졌다. 신라의 향가나 고려 가요도 지금은 글로만 남아 있지만 운율을 살려 노래로 불려졌을 것이다. 시와 노래의 장르가 분리된 지는 백 년이 채 되지 않는다고 한다. 그 시절에는 시와 노래는 하나였을 것이다.

  시인은 풍경의 순간을 포착하여 하나의 서정적인 글로, 시로 표현하고 노래한다. 누구나 보는 일상적인 풍경이지만 시인의 눈으로 포착된 풍경의 느낌은 다르다. 그 풍경에서 긴장의 순간을 끌어내고 새로운 해석으로 우리 앞에 펼쳐 놓는다. 그 순간을 위해, 마치 먹이를 포획하기 위해 물가에서 움직이지 않는 왜가리처럼 기다리고 기다려 포획의 순간을 놓치지 않는다. 아래의 시를 보자.

    입춘이 지나도
    봄이 아닌
    일상을 밀치고
    바다로 가네

    계절이 그려 놓은
    한 폭의 수채화인가
    물감 흩뿌린 듯
    마구 흩어진 봄날 꽃향기

왜가리 한 마리가 지키고 선
노을 갇힌 죽방렴 풍경 너머
그리운 이의 그림자인 양
불콰해진 햇덩이도 자맥질하네

덧문마저 열어젖힌 봄 바다는
고깃배 떠난 포구에 밀물을 밀어 놓고
마른 심장 노을에 덧대다가
어둠 붉게 물들였는데

초저녁별 하나
좌표처럼 허공에 매달리고
갈 길 먼 발걸음
땅거미가 등을 떠미네

—「봄 바다」전문

 입춘이 지나고 모두 화사한 꽃을 만나러 봄나들이에 나서게 된다. 봄꽃들이 다투어 핀 봄나들이에 나섰지만, 죽방렴이 있는 남해 봄 바다는 이미 저무는 때. 화자는 '왜가리 한 마리' 같은 신세가 되어 저무는 봄 바다를 바라본다. 하루 종일 애써서 달려왔지만 설레는 봄 바다와의 일별도 잠시, 다시 소시민의 현실 세계로 돌아가야 하는 발걸음. 멀리 포구에는 가로등이 켜지고 땅거미가 밀려오는 쓸쓸하고 허허로운 풍경을 노래하고 있다. "왜가리 한 마리가 지키고 선 / 노을 갇힌 죽방렴"은 마치 정지 화면 같지만, "땅거미가 등을 떠미네"라는 대목에서는 느린 화면으로 풍경과 초저녁이 '오버랩' 되고 있어 마치 영화의 한 장면을 연상시키고 있다.

이도화 시인의 시 세계는 '나무'와 '풀'과 '계절(시간)'이 우리에게 보내오는 무언의 메시지를 잘 포착하는 섬세한 서정을 가지고 있다. 가고 오는 계절(시간)을 그냥 흘려보내지 않고 자신만의 독특한 이미지로 재해석하는 개성이 돋보인다.

    길섶 저만치 들리는 웃음소리
나도 몰래 다가서는 한 걸음

    발 작은 소국이 피어
보도블록 틈이 조금 더 벌어졌다
힘겹게 서 있는 게 안타까워
한 줌 꺾어 와 물꽂이 해둔 몇 날

    무심코 바라본 소국은
꺾여도 혼절은커녕

    실오리 같은 뿌리를 내리고 있다

상처 보듬어 꽃이 피고

마침내 뿌리내리는 소국 한 송이

그 진한 향 붙들어 두려

금 간 약탕기에 고이 옮겨 심는다

―「소국을 읽다」 전문

자주 다니는 길모퉁이에서 발견한 소국 한 무더기. 키 작고 여린 소국 한 무더기가 보도블록 틈을 조금 벌리고 겨우 피어났다. 잠시 눈길 주다가 발길에 차여 사라질 소국이 "힘겹게 서 있는 게 안타까워 / 한 줌 꺾어 와 물꽂이 해둔 몇 날"인데 "꺾여도 혼절은커녕 / 실오리 같은 뿌리를 내리고" 있는 것이다. '소국 한 송이'를 금 간 약탕기에 옮겨 심는 시인의 손길이 따뜻하고 정겹다. '보도블록' 틈에서 자랄 수 있는 생명력이 '금 간 약탕기' 화분에서 다시 꽃 피어나기를 기원하는 손길은 자연과 생명을 받드는 시인만이 가진 진정한 마음의 손길이다.

그때
스쳐 간 바람이었나 봐

단풍나무 씨앗 하나 떨어져
맴돌다 날개 접으며

다릅나무 껍질에 내려앉아
너부살이지만 싹을 틔우고
마디마디 맺혀
살얼음 얼다 녹으며
연리목 되었나 봐

우주의 시간을 돌고 돌아
지금 여기
마주한 우리
들판의 찔레꽃 피고 지고
가시만 남은
이제는 은발銀髮이 익숙한 세월
당신 눈망울에 잠긴
아직도 낯익은 듯 낯선 나

그때, 스쳐 간
단 한 번의 바람이었나 봐

―「시절 인연」 전문

  모든 인연에는 때가 있다고 한다. 또한 인연의 시작과 끝도 모두 자연의 섭리대로 그 시기가 정해져 있다는 뜻이다. 오래 전부터 중국 속담에는 '유연천리래상회有緣千里來相會, 무연대면불상봉無緣對面不相逢'이라는 비슷한 말이 있다. 연이 있으면 천리를 떨어져 있어도 만나게 되며, 연이 없다면 얼굴을 마주하고 있어도 만날 수 없다는 말이다.

이 광대한 우주, 같은 행성에서 동시대를 살아가면서 인연으로 이어진 필연이 있었기에 우리는 만나고 서로 사랑하게 된다. '단풍나무' 씨앗이 바람을 타고 '다릅나무'에서 자라나 연리목이 된 인연처럼 "은발이 익숙한 세월"까지 살아왔지만 여전히 낯선 화자. 얼마나 "우주의 시간을 돌고 돌아"야 '인연'을 서로 이해하고 익숙하게 되는지…. '인연'과 '사랑'은 인간이 존재하는 한 영원한 수수께끼이기도 하리라. 그러나 우리 '인생사'는 인연에 따라 만나고, 헤어지고, 언젠가는 '죽음'이라는 소멸을 마주하게 된다.

필자는 어느 날 우연히 이도화 시인의 시를 보기 전에 이 노래를 먼저 접하게 되었다

> 무거운 목화솜 이불
> 그 속에 다섯 오누이
> 땀 뻘뻘 흘리면서 재잘대던 그 시간
> 꿈이어라 꿈이어라
> 다시 못 올 추억이여

말간 웃음들이 바람벽에 흩어지고
못나 빈 꽃 두 송이 오종종 별이 되어
희미하게 손짓하네! 천상에서 만나자고

다시 만날 기약 있어 나는 살아가리
외로이 건너야 할 삼도천도 두렵지 않아
눈물 머금은 저 별이 이리도 비추니

다시 만날 기약 있어 나는 살아가리
외로이 건너야 할 삼도천도 두렵지 않아
눈물 머금은 저 별이 이리도 비추니

*지난 어느 해 3월 초입, 갑자기 세상 떠난 막냇동생이 그리워 쓴 글을 임운학(설악메아리) 님이 노래로 곡을 붙여 주심.

—「별이 된 그리움*」 전문

  서정적이면서 애절한 목소리에 아득한 슬픔이 밴 듯한 '노랫말'에서 먼저 "이 시가 누구 시냐"고 물었던 기억이 난다. "무거운 목화솜 이불 / 그 속에 다섯 오누이 / …… / 꿈이어라 꿈이어라 / 다시 못 올 추억이여"에서 우리들의 어린 시절 추억을 소환하고 있었다. 놀잇감이 변변히 없었고 형제자매가 많았던 그 시절. "목화솜 이불" 뒤집어쓰고 함께 재잘대며 놀이하던 형제자매 중에서 갑자기 막냇동생을 먼저 세상 떠나보내고 썼다는 이 '노랫말'의 사연을 듣고 필자는 이도화 시인의 시가 궁금해졌음을 고백한다. 아버지보다 먼저 떠나보내야 했던 '막냇동생'을 향한 처절한 그리움과 아픔을 노래한 이 시는 아릿한 슬픔이 배어있다. 이 시인의 시에서는 '아픔'과 '고통'을 그 자체에 머물지 않고 극복하면서 희망을 노래하는 시편들로 재탄생하게 되는 것을 볼 수 있다.「봄비 그 발라드」,「목련꽃 심지를 돋우면」,「바르도Bardo, 오롯한 나만의」,「고드름 왈츠」,「겨울비」 같은 시편들에서 다양한 박자와 리듬으로 변주되어 시로 재탄생한 음악적 요소가 풍부하게 담긴 시편을 만날 수 있다.

또한 이도화 시인의 시집에서는 엄격하셨던 아버지, 평생 고생만 하신 어머니, 먼지 세상 떠난 언니와 남동생에 대한 아픈 가족사의 시편들을 만나게 된다.

> 아무도 대꾸할 수 없었다
> 어린 시절 어느 날
> 아버지가, 없는 살림에 노름빚 졌다 하자
> 납작 엎드려 살던 엄마도 울화가 치밀어 올라
> 엄마 목소리가 딱 한 번 담을 넘었다
> 급기야 아버지가 소 몰고 우시장으로 나가시고

화들짝 놀란 엄마는 어린 나를 몰아세우며
당장 따라가 보라고 성화였다
저 무서운 아버지에게 내 말이 먹히겠냐고
대들다가 부지깽이가 춤을 췄다
눈물 훔치며 쫓기듯 따라나선 우시장
가격이 웬만한지 한참을 소 장수와 대화하는 사이
어디서 그런 용기가 생겼는지
나는 소를 몰고 집으로 줄행랑을 놔 버렸다
황당한 아버지의 노발대발은 불 보듯 뻔하지만
엄마에게 맞아 죽을 수는 없었다
나중에 알고 보니 노름빚 정리가 아닌
대구로 유학 간 자식들 등록금 마련이란 걸
아버지의 막걸리 푸념으로 알게 되었다
꼴 베어 거두며 윤기 나는 목덜미 긁어주고 쓰다듬던
정든 누렁이는 다음 우시장 날 어디론가 팔려 가버렸다
얼큰하게 취해 마당 가에 서서
텅 빈 외양간을 하염없이 바라보던 그 아버지,
늙어 바짝 마른 가슴에 꽃 하나 달아 드리던
살아생전 어버이날이 그리워지는 이 밤
경적도 잠든 고요해진 지금에야
곱게 접은 종이배에 그리운 마음 담아
카네이션 한 송이 실어 보내오니
은하수 너머 아버지! 꼭 받아주셔요

—「안강 우시장」 전문

1960~1970년대 우리네 부모님들의 농업 사회에서 아버지들은 대부분 유교적이며 가부장적이셨다. 농업 시대에 빈농의 집에서 키우고 있던 한두 마리 소는 그 집의 가장 큰 재산 목록 1호였다. 더구나 그 시절 농한기에는 "없는 살림에 노름빚"을 지는 경우도 있었겠다. '노름빚'을 핑계로 소를 끌고 나선 가장을 어느 아내가 그냥 두고 볼 것인가. 직접 따라나서서 말리기가 이웃 보기 부끄러우면 딸내미라도 따라붙여서 결단코 말려야 할 일이었으리라. 그러나 아버지의 고집을 꺾을 수는 없는 일. 결국은 애지중지하던 소가 팔려 나가고 '빈 소마구'를 "얼큰하게 취해" 바라보는 가장의 속마음은 알고 보니 자식 교육을 위한 돈을 만들기 위해서였다. 그러나 그 무섭고 완고하시던 아버지도 늙으셔서 막내를 먼저 앞세우신 아픔을 겪으시고 이제는 세상을 떠나고 안 계신다. 세월이 흘러 아버지의 나이테를 따라가는 화자는 그 일을 기억하며, 다만 그립고 보고 싶은 마음을 "은하수 너머 아버지"께 실어 보낼 수밖에. 지난 시절, 아픈 사건의 각인된 기억이 읽는 이의 감성을 오래 붙잡고 있다.

  돌부리에 차이고
  비바람에 쓰러져도
  허리 곧추세우고

들로 산으로
분주하던 내 어머니

씨앗 날아간
빈 박주가리 같은 살림에도
흔들림 없던 내리사랑
득달같은 세월
메마른 관절마다
찬바람이 지나다니고
수액마저 말라버려
애옥살이 그늘진 멍울마다
가쁜 숨만 들어차네

돌아누운 저 굽은 등허리는
꺾이지 않는 앉은뱅이꽃
까맣게 잊어버린
명동띠기로 살아온 한 생애가 펄럭인다
　　　　　　　　　　　―「앉은뱅이꽃」 전문

　다섯 남매를 훌륭히 길러내신 화자의 어머니에 대한 시 한 편을 보자. 길가에 아무렇게나 피어나 "돌부리에 차이고 / 비바람에 쓰러져도" 결코 쓰러지지 않고, "허리 곧추세우고" 기어이 다시 꽃대를 세우고 피어나고야 마는 "앉은뱅이꽃" 같은 끈질긴 생명력을 한평생 보여주신 어머니. 그러나 노년을 맞아 "돌아누운 저 굽은 등허리"는 남편과 자식 둘을 먼저 앞세운, 일생을 "명동띠기"로 살아온 뼈아픈 세월의 지층이 퇴적되어 있다. 노년의 어머니를 바라보는 딸자식의 아련하고 쓸쓸한 마음을 온건하면서도 과하지 않게 서정시로 풀어낸 절창이다. 그 외에도 노년의 어머니를 주제로 쓴 「씨앗 몇 개」, 「뒷거래」, 「장다리꽃」 등 애틋하게 또는 빙그레 웃음 짓게 하는 아름다운 시편으로 독자들의 가슴에 다가오고 있다.

    명자꽃 가지 하나 꺾어 두고
    명자 누이 그리다가
    허기진 속에 술 한 잔 털어 넣네

    온 핏줄 더듬으며
    몸 지피는 더운 숨길
    잉크 빛 밤은 어둠에 젖고
    별빛 까슬한데

    시리도록 눈에 담아
    오래 바라보아도 마르지 않는

    사무치는 그리움은

씨앗 정*이라 부르기 전
형벌이라 이름하리

명자꽃 가지 꺾던
내 손목도 함께 꺾고픈 밤
결딴난 명자 누이

그 청춘 거덜 낸 봄은
어느 먼 곳, 어느 꽃 찾아
오늘도 나풀렐까

—「명자꽃 전상서」 전문

 '씨앗 정 : 한 꼬투리 안의 형제를 떠나보내야 했던 아픈 이별의 정을 표현함'이라는 각주가 붙은, 젊은 나이에 세상을 먼저 떠난 누이를 그리는 시 한 편을 보자. '명자꽃'은 초봄에 주홍빛 고운 자태로 우리 주변에서 볼 수 있는 봄꽃이다. 봄꽃은 생명력이 짧아 단 며칠 만에 피었다 지고 만다. '일찍 피었다가 남모르게 이내 지고 마는 명자꽃'처럼 화자의 누이는 그렇게 갑자기 마흔 중반의 짧은 인생을 살다가 세상을 떠나고 말았다. 생전에는 오 남매의 맏딸로서 자신을 아낌없이 희생했던, 억척스런 누이였기에 화자는 나이가 들수록 그립고 사무치는 마음이 해마다 명자꽃 필 때면 도지게 되는 것이다.

"명자꽃 가지 하나 꺾어 두고 / 명자 누이 그리다가 / 허기진 속에 술 한 잔 털어 넣네"로 시작하는 이 시는 "명자꽃 가지 꺾던 / 내 손목도 함께 꺾고픈 밤 / 결딴난 명자 누이"처럼 먼저 세상 떠난 명자 누이가 그립지만 볼 수 없는 마음을 '내 손목을 꺾고 싶은' 애절함으로 표현되어 화자의 또 다른 아픈 노래로 읽혀진다. 그 외 이 시집에서 「용담꽃 피다」, 「살구꽃은 피는데」, 「별이 된 그리움」, 「꽃신 한 켤레」 등 먼저 세상 떠난 동생과 누이에 대한 그립고 애잔한 시편들이 눈에 띈다.

이에 반해, 아래의 재미있는 경쾌한 시를 보자.

> 남루한 지붕들끼리 정다운 마을
> 저만치 지방 도시 들머리를 잇는
> 885번 마을버스에 올라서면
> 오늘도 차창 밖이 궁금해진다
>
> 모서리 뜯긴 낡은 좌석에 몸 부린 채
> 스치는 풍경을 바라보는
> 나 혼자 설레는 시간
>
> 치맛단 아슬하게 시침해 올린
> 능금빛 볼 발그레한 소녀들

펴지지 않은 굽은 등으로
구루마 바퀴 굴리며 지탱해 온 할머니들

장날 난전 휘어진 저 길모퉁이 돌아
먼지 나는 종점에 가 닿으면
분단장 곱게 하고 반겨주는
분이 언니는 그러니까 누구나의 종점

거무스레 탄 온돌 장판 아랫목
아무렇게나 깔린 만만한 이불 같아도
세상 모든 시름 곱창 막창으로 볶아
프라이팬 하나 들면 종점을 평정하는
전에는 잠시 앞니 빠졌던 모습에
내가 더 배꼽 잡는 분이 언니 생각
―「분이 생각」 전문

 우리들이 살아가는 도시 변두리, 버스 종점에 '분이 언니'가 살고 있다. 우리 시대를 함께 살아가는 가난한 소시민이지만 그녀는 겉으로 보기엔 "누구나의 종점", "아무렇게나 깔린 만만한 이불 같아도" 결코 호락호락한 사람이 아니다. 생계를 위하여 식당업을 할 때는 '넉넉한 인심과 세상을 달관한 자세'로 그야말로 "프라이팬 하나 들면 종점을 평정하는" 여인인 것이다. 기쁜 일, 슬픈 일, 모든 이의 푸념을 술 한 잔으로 받아주고, 보통 사람들의 쓸쓸한 마음의 종점, 가끔 화자의 '종점'도 되어주는 모두에게 마음 씀씀이 넉넉한 언니. 어느 동네나 한 명쯤은 꼭 있어야 할 것 같은 '건강한 민초'의 상징이기도 하리라.

> 모든 색채는 빛의 고통이다*
>
> 월영성당 스테인드글라스를 통과한 빛이
> 황금 십자가 영광의 예수
> 못 박힌 발을 감싸 어루만진다
>
> 몸으로 말하는 무한의 고통을
> 빛이 아우르는
> 오후 세 시
>
> 파편이 된 색유리에 비추는 빛은
> 믿음에 눈뜨지 못한 나를
> 망연히 서성이게 한다
>
> 날마다 오후의 시간을 포개며
> 찾아와 전해주는 빛은
> 따뜻한 응시로부터 시작되고

이리저리 꺾이고 휘어지며
산고를 지나 마침내 탄생하는
쓸쓸한 고통 속에 피어나는
오후 세 시의 빛

마음눈 밝은 사람만이 가질 수 있는
세상 모든 어머니의 느낌표여!

*독일의 시인, 소설가, 극작가인 괴테의 말에서 차용함.

―「오후 세 시의 빛」 전문

  위의 시는 '사진작가 안소휘 님의 사진을 보고'라는 부제가 붙은 시이다. 해가 드는 오후 세 시가 되면 성당 유리창의 스테인드글라스를 통과하는 빛이 비추게 되는 '예수의 못 박힌 발'. 그 극한의 고통을 보여주는 사진 한 장을 보고 시인은 "몸으로 말하는 무한의 고통을" "마음눈 밝은 사람만이 가질 수 있는 / 세상 모든 어머니의 느낌표여!"라고 노래하고 있다. 이 시는 어쩌면 종교적인 의미를 넘어 세상 모든 고통을 겪고 마주하여 견뎌내는, 화자의 어머니인 '명동띠기'와, 더 나아가 우리 시대 모든 '어머니'와 '언니'들을 위한 시로 읽히기도 한다.

아래의 시조를 한 편 읽어보자.

오일장 이른 아침
눈 흘긴 적 많았지만

아끼던 브로치
저고리에 여미시고

아버지 한 걸음 뒤로
장에 가던 그 봄날은

당신 가신 빈자리
먼지 앉은 브로치

서랍 안 깊은 곳에
떠밀려 꽃잠 들었네

꽃잎에 새겨진 점은
저승꽃 핀 것이려나

—「범부채꽃」 전문

이도화 시인은 시와 함께 시조도 열심히 써 왔다. 아버지 생전, 오일장 가시던 날, "아버지 한 걸음 뒤로 / 장에 가던 그 봄날"이 생각나게 하는 어머니의 '브로치'를 보고 쓴 시조이다. 그 시대의 아버지와 어머니는 서로 "눈 흘긴 적"도 있었지만 이제는 앞서서 걸어가신 아버지는 안 계시고, "당신 가신 빈자리"만 남고, 어머니도 더 이상 브로치를 하지 않으신다. "서랍 안 깊은 곳에 / 떠밀려 꽃잠" 든 브로치와 범부채꽃의 이미지가 절묘하게 조화를 이루고 있다. 이 시집을 읽어 내려가다 보면 군데군데 아름다운 시조도 만나게 되는 기쁨을 누리게 된다.

  이렇게 한 시인의 첫 시집을 거칠게 훑어보았다. 시집을 덮고 나면 잠시, 이도화 시인이 살아온 예순이 넘은 세월이, 강물이 흘러가고 난 다음 빈 강변 같은 황량한 마음이 들기도 한다. 그러나 그 강변의 공허함은 잠시로 그친다. 강변이라는 자연은 이내 강변 모래 위에 풀들을 자라게 하고, 씨앗이 날아와 싹이 트고 꽃을 피우고, 버드나무들부터 뿌리를 내리고 나면 새들이 다시 찾아오리라.

  이도화 시인의 시는 쓸쓸한 시인의 운명을 감수하고 시인의 확고한 자의식으로 사물에 대한 동경과 그리움의 정서를 우리에게 전한다. 그리움의 정서는 더 나아가 상실과 단절이라는 고통을 극복하여 시적으로 변주된다. 이 시인의 시는 주변에서 만나게 되는 삶의 희망과 절망을 노래로 풀어 내어 따뜻한 서정시로 승화시키는 미덕이 있다.

  지금 이 글을 맺는 필자의 방, 창가에 제라늄이 활짝 피었다. 제라늄은 또 다른 꽃대를 금세 밀어 올리고 있다. 이도화 시인의 앞으로 시를 향한 발걸음이 저 끝없이 밀어 올리는 꽃대처럼 울창하기를. 그리고 항상 독자적인 서정과 시적 공간을 추구하는 개성적인 시인으로 거듭나길 바라며, 첫 시집을 상재한 용기에 박수를 보낸다.

시하늘시인선 08

이도화 시집
## 명자꽃 전상서
© 이도화, 2024

**초판 1쇄 발행** 2024년 4월 25일

**지은이** 이도화
**펴낸이** 이은재
**펴낸곳** 도서출판 그루

**출판등록** 1983. 3. 26(제1-61호)
42452 대구광역시 남구 큰골 3길 30
TEL 053-253-7872 / FAX 053-257-7884
E-mail / guroo@guroo.co.kr

값 10,000원
ISBN 978-89-8069-502-7

*이 책의 판권은 지은이와 도서출판 그루에 있습니다.
 양측의 서면 동의 없는 무단 전재 및 복제를 금합니다.